AF245341

TRIMEFORT

CONSEILLER MUNICIPAL

ET SON

BULLETIN DE VOTE.

ALBI

TRANIER, LIBRAIRE-ÉDITEUR.

GRIMEFORT

CONSEILLER MUNICIPAL

ET SON

BULLETIN DE VOTE

TRIMEFORT

ET SON

BULLETIN DE VOTE

—

TRIMEFORT. — Vous voilà donc encore une fois parmi nous.

BERTRAND. — Me voilà, en effet, ami Trimefort, heureux de revoir nos chères campagnes et peiné d'apprendre que le nombre de mes vieux camarades diminue rapidement.

TRIMEFORT- — L'aiguille marche pendant que vous courez le monde. Vous restez maintenant à Paris ?

BERTRAND. — Oui, après avoir tour à tour habité l'Angleterre, la Belgique, la Prusse, la Suisse, l'Italie, l'Espagne, en un mot tous les pays qui avoisinent la France.

TRIMEFORT. — Qui a beaucoup vu doit avoir beaucoup retenu.

BERTRAND. — L'adage n'est pas toujours vrai, mais qui a beaucoup vu a forcément beaucoup comparé, et, à force de comparaisons, j'en suis venu à m'étonner que la France, le plus beau pays après celui du ciel, ne soit pas au faîte des nations. Le climat, le sol, la situation, l'intelligence de ses enfants, tout est en sa faveur, tout nous permet de devenir riches et heureux, et nous ressemblons à ce pauvre diable qui, voulant rouler une pierre au sommet d'une montagne, voyait sa pierre lui échapper juste au moment où il croyait atteindre le but. Comme lui, nous sommes infatigables et nous essayons de tous les moyens ; néanmoins, plus cela change, plus c'est la même chose.

TRIMEFORT. — A qui la faute ?

BERTRAND. — Aux électeurs bébêtes et à leurs élus.

TRIMEFORT. — Biattazé ! Vous attaquez un conseiller municipal.

BERTRAND. — Ami Trimefort, indiquez-moi le moyen de réunir tous les conseillers municipaux de notre département, et je m'engage à les attaquer tous et à vaincre ceux qui n'ont pas une calotte de plomb sur l'occiput.

Voyons. N'est-il pas vrai que le paysan est un rude piocheur, un épargneur féroce, et que la mauvaise politique engloutit, à inter-mittences presque régulières, toutes ses petites épargnes, sueur de son front, chair de sa chair ; que cet incorrigible fils de la routine est si loin du soleil, qu'il nomme pourtant les mauvais députés qui font la mauvaise politique ? Et vous, conseiller mu-nicipal, ignorez-vous d'où proviennent ces secousses violentes qui tarissent les revenus, ébranlent les positions et nous écrasent d'im-pôts de sang et d'argent ? Cependant, vous n'éclairez pas vos électeurs sur l'importance de ce petit carré de papier, qu'on appelle le bulletin de vote, et qui proclame la paix ou la guerre, la prospérité ou la ruine. Vous n'empêchez pas les moutons de voter pour le boucher.

TRIMEFORT. — Non, mais je leur dis de consulter le curé.

BERTRAND. — C'est juste le moyen de faire une sottise plus grande que votre étable.

Demander au menuisier de faire une casse-
rolle, au cordonnier de réparer votre montre,
c'est de l'insanité toute pure.

TRIMEFORT. — Je ne vous savais pas
irréligieux.

BERTRAND. — Vous ne me comprenez pas,
ami Trimefort. Je vénère les prêtres sincères,
je crois la religion aussi indispensable à la
nation, que la nourriture quotidienne à l'in-
dividu, et j'affirme que prêcher l'impiété sur
la terre et le néant au-delà du tombeau, c'est
semer de la graine de vagabond, d'incen-
diaire et d'assassin. Mais le vrai prêtre s'oc-
cupe de nos âmes et du chemin qui les mène
au ciel. Il ignore tout ce qui concerne la famille, le commerce, l'industrie, la politique,
et c'est chez lui que vous allez quérir le bulletin de vote !.... Pourquoi ne pas lui demander de filer à la quenouille, pendant que
votre gentille femme dirait la messe ? Pourquoi n'êtes-vous pas nourrice de votre der-
nier né ?

TRIMEFORT. — Chacun son métier et ses
aptitudes, c'est juste ; mais ici nous sommes
forcés d'être avec ou contre le curé et la
religion.

BERTRAND. — Tant pis pour la religion et pour la politique. Si le curé se trompe—ce qui est probable — tous les paroissiens se trompent ; s'il bat la campagne en politique, toute la paroisse est folle politiquement et religieusement.

S'il est légitimiste, son conseil irrite les bonapartistes et les républicains, qui se passeront de lui et deviendront peu à peu irréligieux. La religion battue par les opinions politiques d'un curé ! Et, ne l'oubliez pas, il y a un courant irrésistible qui entraine les Français loin de l'ancien régime, vers la liberté, la justice et le progrès, pendant que ce curé et ses fidèles se font un triste devoir d'entraver ce mouvement. Maladroits ! Vous serez roulés par le flot invincible et rejetés, comme épaves, sur la rive. Ne serait-il pas mieux, puisque vous avez peur des radicaux, d'appuyer les républicains modérés, et tous ensemble, d'établir des digues puissantes et un lit plus profond à ce fleuve indomptable, qui peut fertiliser ou dévaster nos belles campagnes, selon que nous serons assez habiles à le diriger ou assez ganaches pour vouloir le faire remonter à sa source ?

Arrêter le progrès ! Autant vaudrait empêcher l'eau de noyer, le feu de brûler, le mal de nuire. Affirmer qu'à l'apparition d'Henri V— spectre des caveaux de St-Denis — dans les Champs-Elysées, *son bon peuple* de Paris, en sabots, sans culottes et sans pain, s'attellerait au char royal pour le conduire au château de ses ancêtres, ce n'est pas faire de la politique, c'est provoquer, dans toute la France, un éclat de fou rire et un sentiment de colère.

Si votre curé est bonapartiste, les républicains et les légitimistes le fuient également. S'il est résolûment rétrograde, il pousse les renards après les poules, les furets après les lapins, et se voit ensuite obligé de les couvrir de sa soutane, lorsque ces roués jurent, par dieux et diables, que le lapin a provoqué le furet, que la poule a outragé, persécuté le renard. — Vous savez tout cela ; vous avez vu ces politiques cafards donner un croc-en-jambes au plus illustre de nos patriotes et des coups de pied à la France, inventer *l'ordre moral*, dont le souvenir fait encore frissonner les conscien-

ces honnêtes, et ces abominables provoca-
tions à la guerre civile, qu'on a appelées
gouvernement de combat et *gouvernement
du 16 mai.* Et pendant que ces faux patriotes
causaient d'irréparables dommages au commerce, des angoisses morales aux citoyens
paisibles, d'inénarrables misères aux ouvriers
des villes, votre curé, vous et vos amis,
dupés, hébétés par les flagorneries de ces
bourreaux de la prospérité publique, vous
votiez pour eux !!....

TRIMEFORT. — Mais nous avons agi hon-
nêtement.

BERTRAND. — L'enfer est pavé de bonnes
intentions, et cela ne suffit pas. La France
avait parlé : vous deviez respecter ses déci-
sions et ne pas aider ceux qui la prenaient à
la gorge pour en obtenir ce qu'elle leur avait
refusé avant, ce qu'elle leur refusa après.

Ecoutez. Etant en Belgique, je fus très
surpris de voir un Monsieur, convenablement
mis, entrer nuitamment dans ma chambre,
fermée à clef, m'adresser un boniment des
plus courtois, pour me faire comprendre
qu'il venait me protéger contre des miséra-

bles qui en voulaient à mes jours. — Vous l'auriez remercié, embrassé ; moi, je pris aussitôt mon révolver à six coups et lui tins ce langage : « Quand on entre chez moi sans ma permission, par la porte, on en sort involontairement par la fenêtre ; une, deux… sautez, ou je vous brûle six fois la cervelle. » — Voyant qu'il s'était trompé de porte, il sauta et se cassa une jambe. La police indiscrète le ramassa et m'apprit plus tard, devant le tribunal, que j'avais ainsi arrêté un malfaiteur.

Tenez, Trimefort, votre curé, un saint homme, et vous, un honnête conseiller municipal, vous êtes, sans le savoir et sans le vouloir, deux ennemis implacables de la France et de la religion. Notre chère et malheureuse patrie a besoin de stabilité, de conciliation, d'honnêteté et de travail, et vous semez la discorde en votant pour ceux qui désirent tout bouleverser ; elle a besoin de religion, et vous faites croire aux républicains que le Christ est un despote, le christianisme un gigantesque éteignoir, et ses prêtres des tardigrades dépourvus de franchise et de bon sens.

Trimefort. — Ste-Vierge, si vous aviez raison !....

Bertrand. — J'ai dix fois raison, et vous avez cent fois tort. Aussi j'espère que, dans votre commune, vous vous ferez l'apôtre du progrès, de la religion de l'amour, et vous serez un meilleur chrétien et un meilleur patriote, qu'en prêchant l'ignorance et la religion de la haine.

Trimefort. — Je ne suis pas assez savant.

Bertrand. — Une once de bon sens vaut cent livres d'esprit. Et si vous n'êtes pas instruit, dirai-je à mon tour, à qui la faute ? Ce n'est pas à notre vieille religion, qui conseille de « donner le discernement aux simples, l'instruction aux jeunes gens, la science aux hommes ; » ce n'est pas aux républicains, qui demandent l'instruction gratuite et obligatoire. C'est à une partie du clergé, victime d'une effroyable déraison. Il croit qu'avec l'ignorance, on peut facilement mener les hommes où on veut ; que plus il y a de moutons, moins il y a de bouledogues ; que la lumière intellectuelle est, pour parler le langage de S. S. Grégoire XVI, comme le gaz de nos villes, *une dangereuse innovation et une invention diabolique*. Cette monstrueuse erreur fait, elle aussi, beaucoup de tort à la religion, parce que tous ceux qui savent un brin de géographie et d'histoire contemporaine peuvent répliquer :

Les Espagnols, ignorants et fanatiques, sont pauvres et révolutionnaires.

Les Irlandais, ignorants et abrutis, sont toujours affamés et en révolte.

Les Hollandais et les Anglais, instruits et religieux, sont si paisibles qu'ils ouvrent des yeux, grands comme des lucarnes, à la vue des Français, passés maitres en l'art des révolutions.

Toute l'Europe intelligente et travailleuse crie : « Instruisons le peuple pour éviter les révolutions, » et nos curés répondent : « Instruire les hommes du peuple, c'est armer des sauvages qui n'attendent qu'un signe pour se ruer sur l'ordre social. » « Autrefois ils ne savaient rien et nous donnaient la tranquillité et la dime sans murmurer. » Donc, éteignez le gaz et fermez les écoles.

Un jour prochain, toute la France raisonnable et laborieuse réclamera l'instruction

-obligatoire pour tous, et dites-moi, Trimefort, qu'adviendra-t-il de la religion, lorsqu'elle ne sera défendue que par les curés, leurs ignares bedeaux et les têtes malades ?

TRIMEFORT. — Pécaïré ! vous me faites peur.

BERTRAND. — Tant mieux, car il est temps de pousser ce cri, dans tous les carrefours et même sur les toits : « Non, ce n'est pas la religion chrétienne qui est contre l'instruction, la liberté et le progrès ; c'est le fanatisme, la bêtise religieuse. » Il est temps de dire à nos curés : « De grâce, imitez Jésus-Christ, qui, n'étant ni royaliste, ni impérialiste, ni républicain, ordonnait à ses disciples « d'aller instruire les nations ; » imitez Mgr Guilbert, évêque de Toulon, qui aime et bénit tous les partis indistinctement. De grâce, ne vous occupez plus de nos affaires politiques, car avec vos bonnes intentions et vos mauvais conseils, vous nous conduisez, tambour battant, à la plus honteuse des culbutes. »

TRIMEFORT. — Pourquoi ne m'avez-vous pas expliqué cela dans une de vos précédentes visites ?

BERTRAND.— Parce que je n'aime pas faire
des sermons. Mais je souffre depuis si long-
temps, que mon cœur déborde enfin. Je souffre, parce que Jacques Bonhomme a beau
trimer de l'aube au crépuscule, s'imposer de
dures privations, il n'en est pas moins aussi
gueux, qu'il y a 20, 60, 500 ans. Je souffre,
parce que la caste moutonnière peut bien
ressembler à un pont sur lequel passent et
repassent toutes les charges, trépignent tous
les coquins, battent toutes les tempêtes et
tous les débordements ; mais, si le pont est
en pierre, le travailleur est en chair. Or, que
reste-t-il au cheval et au chien qu'on mal-
mène ? Un coup de pied et un coup de dent.
Que reste-t-il au paysan économe qui se voit
ravir, tous les 15 ans, le petit magot de ses
féroces économies ; à l'ouvrier honnête qui,
vivant au jour le jour, est constamment me-
nacé d'être sans travail et sa famille sans
pain ? — Il leur reste de rudes poignets et
une tête affolée, juste assez d'instruments
pour faire encore une révolution et causer
encore des calamités. Or, à force de révolutions, nous finirions par tituber autour de
l'abîme déjà creusé, et nous y roulerions

enfin, en criant pour la dernière fois : Que Dieu protége la France !

Trimefort. — Puisque, d'après vous, il suffit de bien voter pour éviter les catastrophes, à quel parti et à quels hommes devons-nous accorder notre confiance ?

Bertrand. — Si les électeurs étaient éclairés et indépendants, tous les gouvernements seraient bons. La candidature officielle est une iniquité qui prouve la corruption en haut, l'ignorance et la servilité en bas ; elle tua l'Empire et faillit tuer la France : ce ne fut que justice. — Je crois que le gouvernement qu'on a, est ou peut devenir le meilleur, si les électeurs choisissent des hommes intègres et capables.

Trimefort. — Vous voterez donc pour les républicains ?

Bertrand. — Oui, car pour changer la forme gouvernementale, il faut casser beaucoup de vitres et les payer ensuite. Dix fois nous avons démoli notre maison pour la reconstruire ; c'est un métier d'imbécile. La dernière, celle que nous habitons, est solide et confortable : gardons-la.

Oui, car, en république, la guerre et la révolution ne sont possibles qu'avec le consentement de la nation ; or, la nation n'aime pas la guerre et se charge de garrotter les démagogues. Et si nous n'avons ni guerre, ni révolution, nous serons bientôt riches.

Oui, car nos monarques s'étaient chargés de tout faire, et ils nous ont légué l'ignorance gratuite et obligatoire, des impôts écrasants, la France amoindrie, apauvrie et sans prestige. Il est temps de nous occuper de nos propres affaires.

Quant aux hommes, raisonnons.

Si vous votez pour un bonapartiste ou un légitimiste, il ira siéger avec les droitiers, malheureusement fort rétrogrades et violents. Quand il fera une motion, il devra préalablement la soumettre à ses collègues, et si elle est acceptée par eux, elle sera carrément repoussée par la majorité progressiste et méfiante. J'aime bien la liberté virile, sans menottes et sans lisières, car l'opposition est aussi nécessaire au Parlement que la soupape de sûreté à la machine à vapeur. J'espère bien que nous aurons un jour la droite républicaine et la gauche républicaine, comme en Angleterre on a les conservateurs de la reine et l'opposition de la reine. Mais que peut faire un monarchiste dans une Chambre républicaine ? Jouer le rôle d'interrupteur perpétuel. C'est un bâton dans les roues, une note discordante dans un concert harmonieux, un ver dans la salade.

Trimefort. — Il peut nous être utile par ses amis.

Bertrand. — Nenni. Ses amis, bonapartistes et légitimistes, sont tombés ou branlent au manche. Hier, ils avaient peut-être le bras long et le verbe haut ; aujourd'hui, ils sont manchots et boudeurs.

Si pourtant vous désirez faire un choix radicalement mauvais, oh ! alors, vous n'avez qu'à élire un de ces hommes qui brassèrent le coup d'Etat du 16 mai 1877. Il n'aura qu'à demander du pain pour qu'on lui offre des pierres, ou simplement à se montrer pour qu'on lui indique le chemin de la porte. M. De Fourtoù peut-il aller mendier pour vous chez M. De Marcère ? Les minauderies de M. De Broglie attendriraient-elles M. Dufaure ? Non. Les fauteurs du 16 mai, sont tellement perdus dans l'opinion publique que les républicains les considèrent comme des ennemis acharnés de la France, et que les bonapartistes et les légitimistes les accusent — à juste titre — d'avoir anéanti leur dernière espérance, dans la plus inique et la plus folle des équipées.

M'est donc avis que, si un fauteur du 16 mai ne peut faire aucun bien à sa circonscription, il a toutes les qualités pour la déconsidérer au ministère et à la préfecture.

Enfin, je vous recommanderai de ne voter pour un officier, qu'après une longue et bien mûre réflexion.

Trimefort. — Pourquoi donc ?

Bertrand. — Parce qu'un lieutenant veut devenir capitaine, qui aspire au titre de colonel, qui rêve celui de général, qui fera le diable à quatre pour agripper le bâton de maréchal. Donc, plus il y a d'officiers à la Chambre, plus il y a probabilité de guerre, le seul moyen pour ces braves de gravir rapidement l'échelle hiérarchique.

Or, savez-vous ce que nous a valu cette

aspiration, seulement sous l'Empire, qui devait-être la paix ?

Trimefort. — Cinq milliards, moins ce que nous avons gagné à la suite des victoires précédentes.

Bertrand. — Malitorne ! vous croyez que les victoires du Mexique, de Crimée, de Montana, nous ont rapporté des écus ! Il n'y a que la Prusse qui fasse payer cette denrée. Pour nous, la guerre est un malheur, quand elle nous donne la victoire, et un désastre lorsqu'elle nous conduit à la défaite. La guerre victorieuse de Crimée nous valut, à elle seule, une perte de cent mille hommes et de 1.700.000.000 fr. Quant au coût des guerres de l'Empire, il s'élève au chiffre de 400.000 jeunes gens tués et de 14 milliards 1/2 perdus.

Savez-vous, disait le général de Foy — un brave qui aimait plus le peuple que la guerre — savez-vous ce que c'est qu'un milliard ? Moi, je le sais de cette façon : il ne s'est pas écoulé un milliard de minutes depuis la naissance du Christ.

Avec 14 1/2 milliards, gaspillés en portant

la dévastation chez des peuples amis, nous aurions pu faire 70,000 kilomètres de chemins de fer — presque deux fois le tour de la terre — qui produiraient assez pour payer les impôts que nous avions en 1848. Peut-être que nous en serions au point de ce village suisse qui, non-seulement ne paie pas d'impôts, mais reçoit un revenu annuel du gouvernement cantonal.... Oh ! ne soyez pas ébahi. Je maintiens que si tous les Français avaient compris ce que vaut le bulletin de vote, nous n'aurions plus de dette nationale et plus d'impôts.

Avec 14 1/2 milliards, nous aurions pu bâtir 1.500.000 mille maisons comme celles des ouvriers de Mulhouse, ou 4.245.000 semblables à celles des mineurs de M. Japy à Beaucourt — 8 pièces — et loger ainsi tous les travailleurs sans fortune. Ce serait vraiment l'extinction du paupérisme.

Avec 14 1/2 milliards, nous aurions pu défricher, irriguer toute l'Algérie, en faire le grenier et le jardin potager de la France pour toujours.

Avec 14 1/2 milliards, nous aurions pu créer toutes les routes, tous les chemins de fer, tous les canaux, tous les tramways nécessaires au commerce et au bien-être, sans faire appel à ces compagnies qui, forcément, exploitent le travailleur, pour enrichir le gros actionnaire et le richissime administrateur.

Au lieu de tout cela, nos enfants étaient écharpés, charcutés sur des champs de carnage, et nos indigents s'élevaient au chiffre de trois millions, parmi lesquels 300 mouraient annuellement de froid et de faim, soit 6,000 en 20 ans d'Empire ! Et dans cette funèbre catégorie, comme disait M, de Melun dans son *rapport officiel*, il ne faut pas compter ceux qui succombaient lentement aux maladies provenant d'un trop long jeûne, d'une habitation malsaine, de haillons trop légers pour la saison rigoureuse, ni ces multitudes d'enfants qui, arrêtés dans leur développement physique par l'insuffisance de nourriture, n'avaient pu être assez forts pour surmonter la crise de leur croissance.

Et tout cela se passait pendant que roulait ce fleuve d'or de 14 1/2 milliards, qui n'a laissé après lui que des tueries humaines,

des incendies, de nouvelles ruines. Voilà ce
que Rouher appelait *conduire le pays gra-
duellement vers des destinées meilleures.*

Comprenez-vous maintenant, ami Trimefort, pourquoi les guerres me mettent en
fureur ; pourquoi, en 1870, je m'en allais,
errant comme une âme en peine, afin de ne
rencontrer aucun de ces millions de plébis-
citaires, qui s'esclaffaient de rire de l'insuccès
de Thiers et des républicains ? Et cependant
j'avais raison, car en 1871, une énorme pan
de la patrie et une demi-douzaine de milliards roulaient dans le gouffre allemand.

Malheureuse France ! Malheureux électeurs !

Trimefort. — Hélas ! nous aurons toujours des guerres.

Bertrand. — C'est possible, et je suis le
premier à crier : Que Dieu protége l'armée
française ! Mais nous sommes en république :
nous n'aurons plus ces guerres saugre-
nues, qui avaient pour but *une alliance, une
idée, la consolidation d'un empire naissant,
le sauvetage d'une dynastie* ou les caprices
bigots d'une Impératrice. Nous n'appellerons

même plus *héros* cet homme qui calculait froidement combien de dizaines de milliers de Français devaient être sacrifiés pour qu'il pût ajouter une feuille de laurier à sa couronne, pendant que des dizaines de millers de mères se tordraient les bras de désespoir et que des dizaines de milliers de pères en deuil planteraient des forêts de cyprès sur les tombes de leurs malheureux enfants.

Les guerres sont des querelles de rois. Sans doute la république veut que nous soyons toujours prêts à défendre la patrie et à sauvegarder nos intérêts, mais pour obtenir des victoires, pour un si noble but, il ne nous manquera ni alliances, ni argent, ni hommes.

Là, parlons carrément : les campagnards qui désirent le retour des rois et des empereurs, sont des ganaches.

Trimefort. — Je partage votre horreur pour les guerres folles; mais les officiers sont-ils fatalement de mauvais députés ? Voyez Chanzy et Jaurès.

Bertrand.— N'allez pas me faire dire que j'attaque les capacités politiques ou adminis-

tratives de nos officiers supérieurs. Il y a
dans l'armée, comme partout, des hommes
politiques éminents, mais je crois que le
militaire et le prêtre, en activité, doivent se
tenir en dehors de la politique. Vous avez
choisi deux des meilleurs officiers-sénateurs
pour me combattre ; c'est de bonne guerre,
et pourtant vous avez tort, même dans vos
choix. Toutes les fois que De Broglie crai-
gnait de les voir voter contre son odieuse
politique, il envoyait Chanzy en Algérie et
Jaurès à son escadre ; d'autres n'osaient pas
voter contre leur ministre. Ce qui nous conduit à la question des cumuls, que les républicains veulent résoudre.

Un amiral, un ambassadeur, un évèque,
un général, devraient être mis à la retraite,
dès qu'ils acceptent le titre de sénateur ou
de député. Voyez M*gr* Dupanloup, directeur
du journal la *Défense*, académicien, sénateur,
évèque et un tremblement d'autres fonctions,
absorbantes et lucratives. Est-ce un modèle
d'évèque ? Non. Quand il s'excite à la tribune
jusqu'à en devenir rouge comme un coque-
licot, les radicaux ne respectent plus sa

soutane et affirment que tout ce vacarme a pour but de multiplier les abonnés de la *Défense*, de gagner l'approbation de ceux qui s'empiffrent de vieilleries. Avouons d'ailleurs qu'il ne peut guère prêcher ou confesser à Orléans, quand il tonne à Versailles.— Est-ce un modèle de sénateur ? Non, car les électeurs de son diocèse lui reprochent de suivre les conseils des Romains et non des Orléanais, de penser à tout, même à son chapeau de cardinal — cauchemar de sa vie — et d'oublier le peuple d'Orléans qui, lui, ne reçoit d'honoraires ni du Sénat, ni de l'Evêché, ni de l'Académie, ni de la *Défense*, ni de la Cathédrale. — Ce serait un bon évêque, s'il n'était ni journaliste, ni sénateur; ce serait un bon sénateur, s'il n'était ni évêque, ni aspirant cardinal.

Un des plus habiles cumulards, c'était le maréchal Vaillant.

Du 11 décembre 1851 à fin Empire 1870, il toucha :

Comme sénateur, 19 fois 30,000 fr. ci.. 570000 ^{r}

Comme grand maréchal, 19 fois 40,000 fr., ci.. 760000 ^{r}

Comme ministre de la guerre, 5 fois
130,000 fr., ci.................................. 650000 ʳ
Comme ministre de l'Empereur,
9 fois 130,000 fr., ci...................... 1170000 ʳ
...... Oh ! la liste serait trop
longue. Ajoutez parcimonieusement
comme grand-croix, major-général,
commandant de l'armée d'Italie,
etc., etc., etc., comme logé, nourri,
éclairé, chauffé au palais, ci............. 2.750000 ʳ

         Total................. 6.000000 ʳ

N'oubliez pas que ce sultan des cumuls
et des sinécures, était entouré d'une four-
milière de jolis officiers de boudoir bien pri-
vilégiés, bien galonnés, qui puisaient à tire-
larigot dans la sacoche commune, sans votre
permission et sans la mienne, et vous direz
avec moi : On nous a bien grugés, mais c'est
assez, c'est même beaucoup trop; ALLUMONS
NOTRE LANTERNE !

Il est temps, ami Trimefort, de veiller à
nos intérêts, de bien choisir nos conseillers
généraux, nos députés et nos sénateurs, et
même d'apprendre à nos enfants à bien lire,
bien écrire, bien calculer, pour vérifier les

comptes. Il faut à tout prix mettre un terme à tous ces tripotages et gaspillages, à toutes ces guerres et révolutions, à ces fluctuations perpétuellement mobiles qui nous épuisent et offrent aux nations voisines le triste spectacle d'un grand peuple, jouant le rôle de navette entre les vieilleries malfaisantes et les utopies démagogiques des esprits détraqués ou pervers.

TRIMEFORT. — Mais après tant de corruption et d'insanités, il est bien difficile de remonter l'échelle de la prospérité.

BERTRAND. — Tout est possible à la France, si nous votons bien. Elle a un crédit illimité, une organisation financière modèle, des épargnes solides et considérables, des ressources immenses, des travaux fructueux à exécuter. J'ai foi en mon pays, mais, comme disait Thiers, il n'y a plus de fautes à commettre, car nous les avons toutes commises.

Notre dette ne peut plus augmenter.

Notre territoire ne peut plus diminuer.

TRIMEFORT. — Ce n'est pas trop tard, tant mieux.... Je comprends enfin pourquoi la république est préférable à la monarchie,

pourquoi celle-ci a toujours repoussé l'instruction du peuple, arrêté les journaux, em-
pêché les réunions publiques, ressassé que
les républicains étaient des ogres décidés à
nous manger à la brochette ou en fricassée.
Je comprends tout ce que vous m'avez dit et
je devine tout ce que vous n'avez pas eu le
temps de me dire; mais comment faire entrer
ces raisonnements dans la tête de nos campagnards, farcie d'ignorance et de fariboles
mensongères ? Comment leur expliquer que
nous tenons enfin le moyen de devenir tran-
quilles et prospères, de nous grandir nous-
mêmes, en portant la France au faîte des
nations européennes; car le gouvernement
républicain est vraiment le moins batailleur,
le moins révolutionnaire, le plus honnête et
le plus économique des gouvernements ?

BERTRAND. — Bravo, Trimefort, cette élo-
quence convertira vos collègues du conseil
municipal, qui convertiront les électeurs. Les
convertis, unissons-nous, autour de la statue
de la France, et nous ferons des miracles ;
unissons-nous, et la patrie sera bientôt un
sujet d'orgueil pour ses enfants, d'admiration
et de jalousie pour les étrangers. Et un jour,

comme le dit Victor Hugo, cette grande France se dressera. Oh! elle sera formidable! On la verra d'un bond ressaisir la Lorraine, ressaisir l'Alsace.... « Puis on l'entendra crier : c'est mon tour, Allemagne, me voilà !..... Suis-je ton ennemie ? Non, je suis ta sœur. Je vais démolir mes forteresses, tu vas démolir les tiennes. Ma venveance, c'est la fraternité. »

L'aurore d'un grand siècle se lève : Au travail, et trimons fort!

Nota. — Les monarchistes blâment le gouvernement actuel de ne pas alléger les charges dont eux-mêmes nous ont accablés. Hier ils ne rêvaient que batailles et conflits; ils ont maintenant des tendresses ineffables pour tous les petits. C'est trop tard. Nous connaissons leurs actes et leurs secrètes pensées.

Voici les paroles d'un chef légitimiste, le prince de Condé, auquel on disait : Le paysan n'a-t-il pas assez souffert ?

— « Non, répondit-il. Il faut que le peuple » souffre encore, seul moyen de le *forcer* à

» désirer l'ancien ordre de choses. Il n'a
» d'ailleurs que ce qu'il mérite : les raison-
» nements les plus simples sont perdus pour
» lui ; il n'y a que la misère qu'il comprenne
» bien, et c'est par la misère qu'il faut es-
» pérer le retour de la monarchie légitime. »

Explication : Affamons et hébétons le peuple jusqu'à ce qu'il nous donne Henri V, les priviléges et les escarcelles bien remplies.

Voici le cri de rage d'un oracle bonapartiste, M. Paul de Cassagnac :

« La France a besoin de nouvelles misères,
» de nouvelles ruines.... Il est utile qu'elle
» souffre, qu'elle râle, qu'elle agonise.....
» Mais ce mal sera un mal nécessaire, *un*
» *mal béni.* »

Explication : Quand le paysan et l'ouvrier seront ruinés et affamés, alors le suffrage universel, inspiré par des hommes à poigne, nous donnera Napoléon IV, nos sinécures, nos cumuls et nos places grassement rétribuées.

Le conseiller municipal accordera-t-il sa voix aux candidats du *mal béni* ? — Le mouton votera-t-il encore pour le boucher ?

CASTRES
Imp. du PROGRÈS
RUE MONTFORT, 12.

PRIX

Pour 1 Exemplaire...................... 0,25 cent.,

— 6 Exemplaires .... 1 fr.

— 40 Exemplaires................ 5 fr.